En el cielo

Las estrellas

por Carol Ryback

Consultora de lectura: Susan Nations, M.Ed., autora/tutora de alfabetización/consultora

Gareth Stevens
PUBLISHING

Please visit our website, www.garethstevens.com. For a free color catalog of all our high-quality books, call toll free 1-800-542-2595 or fax 1-877-542-2596.

Library of Congress Cataloging-in-Publication Data

Ryback, Carol.
[Stars. Spanish]
Las estrellas / Carol Ryback.
p. cm. – (En el cielo)
Includes bibliographical references and index.
ISBN-10: 0-8368-6496-4 ISBN-13: 978-0-8368-6496-0 (lib. bdg.)
ISBN-10: 0-8368-6501-4 ISBN-13: 978-0-8368-6501-1 (softcover)
1. Stars–Juvenile literature. I. Title.
QB801.7.R9318 2006
523.8–dc22 2005032367

This edition first published in 2006 by
Gareth Stevens Publishing
111 East 14th Street, Suite 349
New York, NY 10003

Series editor: Dorothy L. Gibbs
Editor: Barbara Kiely Miller
Art direction, cover and layout design: Tammy West
Photo research: Diane Laska-Swanke
Translators: Tatiana Acosta and Guillermo Gutiérrez

Photo credits: Cover, title, pp. 7, 9, 15, 18 NASA and The Hubble Heritage Team, STScI/AURA; p. 5 NOAO; p. 6 ESA/NASA; pp. 10, 20 NASA; p. 11 NOAA; p. 12 NAIC-Arecibo Observatory; p. 14 Tammy West/© Weekly Reader Early Learning Library, 2006; p. 17 NASA, ESA, and The Hubble Heritage Team, STScI; p. 19 NOAO/AURA/NSF; p. 21 NASA/CXC/PSU/S. Park & D. Burrows and NASA/STScI/CfA/P. Challis

Printed in the United States of America

2 3 4 5 6 7 8 9 10 09 08

Contenido

Cubierta y portada: La mayoría de las miles de estrellas de esta gigantesca masa estelar son tres veces más antiguas que nuestro Sol.

CAPÍTULO 1

Cielo estrellado

Miles de millones de estrellas llenan el cielo nocturno. ¿Has tratado de contarlas alguna vez? ¡Si contaras una estrella cada segundo durante el resto de tu vida, no te daría tiempo a contarlas todas!

No todas las estrellas son iguales. Las hay de muchos tamaños, y algunas brillan más que otras. Es posible que una estrella que brilla mucho sea grande. Pero una estrella pequeña que esté cerca de la Tierra también nos puede parecer brillante. Nuestro Sol es una estrella de mediano tamaño, pero está tan cerca de la Tierra que parece mucho más grande que las demás estrellas.

Los científicos sólo pueden conjeturar cuántas estrellas hay en esta aglomeración, llamada M4.

Gas azul flota como un velo en el espacio junto a la nube de estrellas NGC 1850.

Las estrellas no tienen partes sólidas. Son bolas de gases en explosión. Sus brillantes explosiones las vemos como puntos de luz estelar en el espacio exterior. La luz de las estrellas debe recorrer un largo camino. Tarda mucho en alcanzar la Tierra. ¡Algunas estrellas están tan lejos en el espacio que su luz ha estado viajando durante millones de años y aún no ha llegado a la Tierra!

La distancia entre la Tierra y las estrellas es demasiado grande para medirla en millas (kilómetros). Por eso, para medir esas distancias usamos una unidad llamada **año luz**. Un año luz mide la distancia que recorre un haz de luz en un año.

La luz de estas estrellas comenzó a viajar hacia nosotros hace doce mil años, cuando el hielo cubría la mayor parte de la Tierra.

CAPÍTULO 2

Nace una estrella

¿Cómo se forma una estrella? A una gran distancia en el espacio, enormes nubes de gas y polvo chocan entre sí. El gas y el polvo se queman y explotan. Poco después, sólo queda gas para quemarse y hacer explosión. Las explosiones producen luz estelar. ¡Ha nacido una estrella!

La mayoría de las estrellas nuevas se forman en regiones del espacio llamadas incubadoras de estrellas. Las incubadoras de estrellas están muy lejos de la Tierra. Las fotografías de incubadoras de estrellas muestran zonas brillantes, zonas oscuras y muchos colores. ¿Titilan las estrellas? No en el espacio. La atmósfera terrestre altera la luz estelar y hace que nos parezca que las estrellas titilan.

Una oscura nube de polvo en esta incubadora de estrellas parece la cabeza de un caballo.

La luz de estrellas calientes y la de estrellas frías brillan con colores diferentes. Puedes ver estrellas que parecen rojas, amarillas, blancas o azules.

El color de una estrella indica su temperatura. Todas las estrellas son muy calientes, pero algunas son más calientes que otras. La luz de las estrellas más calientes parece azul o blanca. La luz de las estrellas más frías parece amarilla o roja. Nuestro Sol parece amarillo. ¡Es una de las estrellas más frías, pero así y todo es muy, muy caliente!

El calor de las estrellas es un tipo de energía. La energía calorífica de nuestra estrella, el Sol, calienta la atmósfera de la Tierra y produce nuestro clima. La luz de las estrellas es también un tipo de energía.

La energía calorífica de nuestra estrella, el Sol, es la causa de que a veces se formen huracanes. Esta fotografía fue tomada desde el espacio.

En Arecibo, Puerto Rico, un instrumento de gran tamaño con forma de plato trata de captar el ruido de las estrellas.

¿Sabías que las estrellas hacen ruido? Los astrónomos usan unos instrumentos especiales para escuchar el ruido que procede de las estrellas. El ruido de las estrellas suena como granos de arena golpeando una campana.

CAPÍTULO 3

Dibujos en el cielo

Hace mucho tiempo, la gente se dio cuenta de que algunas estrellas forman dibujos en el cielo nocturno. A estos dibujos de estrellas los llamaron **constelaciones**. Dieron a las constelaciones nombres de objetos, animales y figuras humanas.

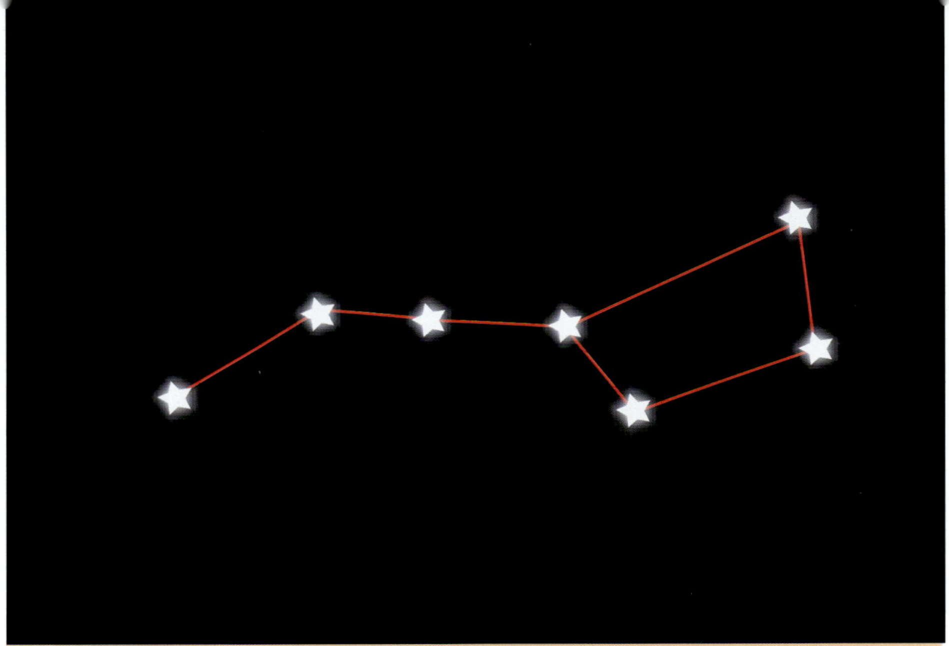

El cazo es fácil de ver en el cielo de verano. Es parte de una constelación llamada la Osa Mayor.

Es probable que hayas visto un dibujo de estrellas llamado El Cazo. Parece un gran cazo con un asa alargada. El Cazo no es, por sí solo, una constelación. Es parte de una famosa constelación conocida como Ursa Major, o la Osa Mayor.

Otra famosa constelación es Orión. Puedes verla en el cielo invernal. Orión recibe su nombre de un dios griego conocido como “el Cazador”. Busca tres estrellas brillantes en fila. Forman el cinturón de Orión. Otras estrellas brillantes marcan los hombros de Orión, sus pies y su espada.

Para encontrar Orión, busca las tres estrellas que forman su cinturón.

CAPÍTULO 4

Galaxias, púlsares y supernovas

¿Has oído hablar de la Vía Láctea? Es una gigantesca agrupación de estrellas, mucho mayor que cualquier constelación. Su aspecto es el de un ancho camino de estrellas que se extiende por el cielo. Tiene tantas estrellas que el cielo toma un tono lechoso.

La Vía Láctea es una galaxia. En el espacio hay miles de millones de galaxias. Estas enormes agrupaciones de estrellas tienen formas diversas, como barras, óvalos y discos. Nuestro Sol, sus planetas y miles de millones de estrellas pertenecen a la Vía Láctea. Esta bella galaxia tiene forma de disco.

Igual que nuestra galaxia, la Vía Láctea, estas dos galaxias tienen forma de disco.

Según los astrónomos, sólo una de las estrellas de este gigantesco grupo es una estrella parpadeante, o púlsar.

En 1967, una astrónoma llamada Jocelyn Bell Burnell notó una estrella que "parpadeaba". Pronto, otros astrónomos hallaron más. Este tipo de estrellas no son comunes. En el cielo hay miles de millones de estrellas. Hasta ahora, los astrónomos sólo han descubierto unas setecientas estrellas parpadeantes.

Las estrellas "parpadean" cuando giran a gran velocidad. Los astrónomos llaman a estos parpadeos "pulsos", y a estas estrellas las llaman "púlsares".

En el centro de esta nube estelar llamada Nébula del Cangrejo hay un púlsar.

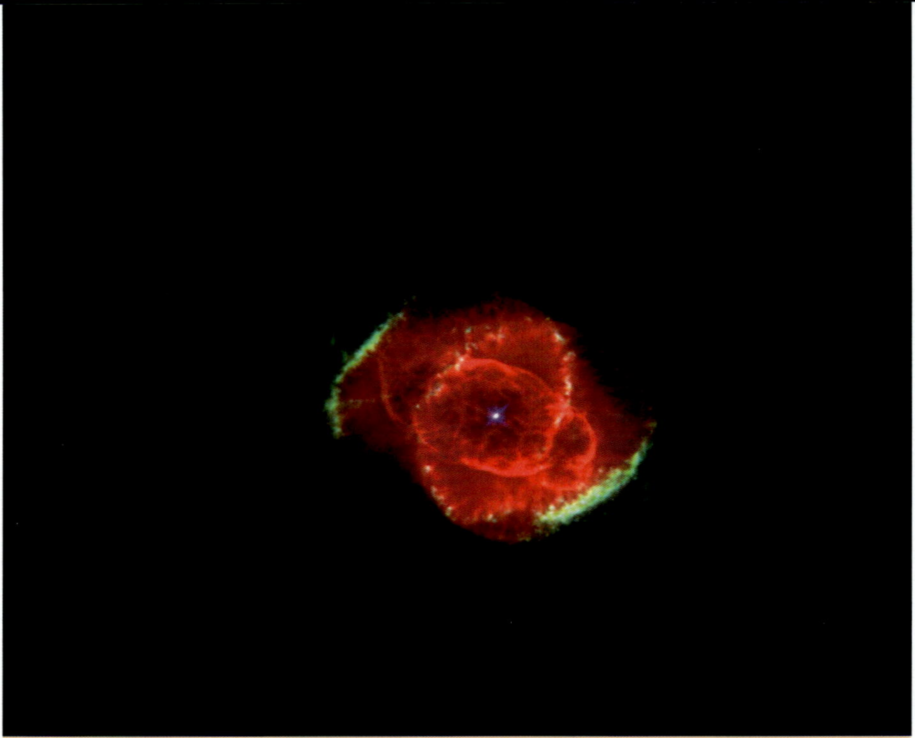

Una estrella moribunda formó esta nube estelar, llamada la Nébula del Ojo de Gato.

La vida de una estrella es muy larga, pero ninguna estrella brilla para siempre. Las estrellas mueren. La mayoría se desvanecen. Otras acaban en brillantes explosiones llamadas **supernovas**. Una supernova puede superar incluso el brillo de nuestro Sol durante el día.

La última supernova visible desde la Tierra sucedió en 1987. No ocurrió en la Vía Láctea, sino en una galaxia cercana. ¡Si tienes suerte, es posible que veas la próxima supernova!

La estrella que se convirtió en la supernova 1987A era del tamaño de veinte soles como el nuestro. La explosión produjo un anillo de gases en el espacio. Estas fotografías fueron tomadas por dos instrumentos diferentes.

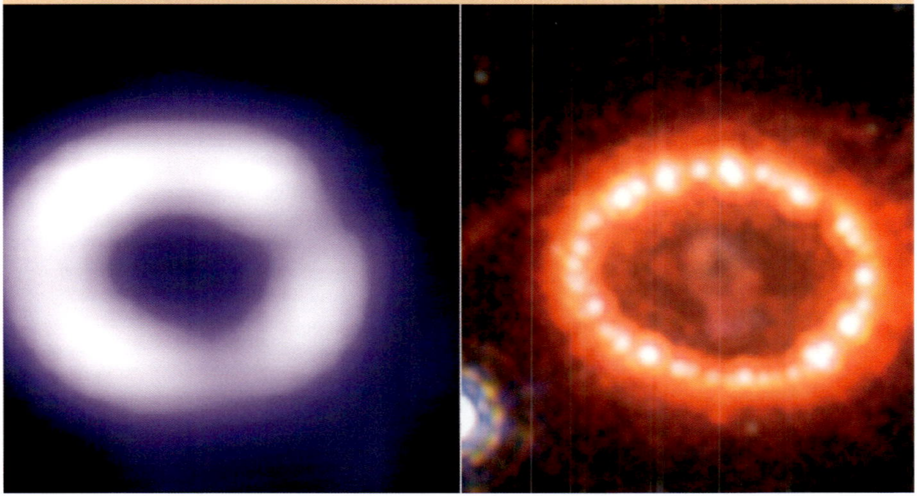

Glosario

año luz — distancia que recorre la luz durante un año

astrónomo — científico que estudia las estrellas

atmósfera — capa de aire que rodea la Tierra

energía — fuerza que se puede utilizar para producir trabajo

púlsares — estrellas que giran a gran velocidad y emiten energía en breves impulsos

supernova — explosión gigantesca de una estrella que muere

Más información

Libros

Galaxies. Seymour Simon (William Morrow & Co. Library)

Once Upon a Starry Night: A Book of Constellations. Jacqueline Mitton (National Geographic Children's Books)

The Stars. Space Explorer (series). Patricia Whitehouse (Heinemann Library)

Watching the Stars. Welcome Books Watching Nature (series). Edana Eckart (Children's Press)

Páginas Web

KidsAstronomy.com: Las estrellas
www.kidsastronomy.com/stars.htm
Estudia las diferencias entre estrellas rojas, amarillas y azules, y conoce grupos de estrellas enanas y gigantes.

***Way Out!* Un juego de preguntas sobre el cosmos**
Hubblesite.org/fun_.and._games/way_out/launch.php.basic
Acompaña en este juego de preguntas a la vaca que saltó sobre la Luna en un viaje para salir de la Vía Láctea.

Índice

Información sobre la autora

Carol Ryback recuerda haber ahorrado dinero de su mesada para comprarse una carpeta con imágenes de los planetas. A Carol aún le parecen fascinantes el espacio exterior y otros temas científicos. Carol, que ha residido toda su vida en Wisconsin, vive con sus perros favoritos, los golden retrievers Bailey, Merlin y Harley Taylorson. Cuando no está observando las estrellas, a Carol le gusta practicar el buceo.